Perfekt organisiert im KITA-ALLTAG

W0328359

Elternbriefe, Aushänge und Checklisten

für die Elternarbeit

Sprache: Deutsch

Verlag an der Ruhr

IMPRESSUM

Titel
Perfekt organisiert im Kita-Alltag
Elternbriefe, Aushänge und Checklisten für die Elternarbeit
Sprache: Deutsch

Redaktion
Katia Simon

Umschlagmotive
Punktemuster: © Iveta Angelova – stock.adobe.com; Vogel: © vector-RGB – Shutterstock.com
alle anderen © Verlag an der Ruhr

Satz und Layout
krauß-verlagsservice, Ederheim/Hürnheim

Druck
Heenemann GmbH & Co. KG, Berlin, DE

Verlag an der Ruhr
Mülheim an der Ruhr
www.verlagruhr.de

Ursprünglich unter der ISBN 978-3-589-15417-3 bei Cornelsen Verlag GmbH, Berlin (2017) erschienen.

ISBN 978-3-8346-4529-6

INHALTSVERZEICHNIS

INHALTSVERZEICHNIS

*** Hinweis:**

Für nicht-deutschsprachige Eltern können Sie alle mit einem Stern gekennzeichneten Kopiervorlagen zusätzlich auf Türkisch, Arabisch, Englisch und Französisch als PDF erwerben. (ISBN 978-3-8346-4650-7)

1. Eingewöhnung

©Cornelsen/Kristina Klotz

Liebe*r Erzieher*in

alle Jahre wieder steht die **Eingewöhnung** in die Gruppe an – und dennoch ist es jedes Mal eine **spannende Phase**, auch für Sie. Sie lernen neue Kinder kennen, die die **temporäre Trennung** von ihren Hauptbezugspersonen bewältigen und ihren Platz in der Gruppe finden müssen. Sie nehmen dabei eine **zentrale Rolle** ein und sind auch für die Eltern ein **wichtiger Ansprechpartner**.

In diesem Kapitel erwarten Sie praktische Werkzeuge und Arbeitshilfen für das „Drumherum" der Eingewöhnung, damit Sie sich auf das Wesentliche konzentrieren können:

- Ein **Fragebogen** für das Aufnahmegespräch, das Sie mit den Eltern neuer Kita-Kinder vor der Eingewöhnung führen.
- Ein **Brief**, der die Eltern der neuen Kita-Kinder willkommen heißt, sie auf das einstimmt, was sie erwartet und Tipps zur Vorbereitung gibt.
- Eine **praktische Checkliste**, mit der Sie die Eltern darüber informieren können, welche Dinge das Kind in die Kita mitbringen sollte.
- Eine **Praxisvorlage**, die Sie für jede Woche der Eingewöhnung kopieren, mit der Sie Entwicklungsfortschritte dokumentieren, Besonderheiten in der Eingewöhnung festhalten und die Eingewöhnungstage ganz allgemein dokumentieren können. Sie ist auch eine ideale Grundlage für das Elterngespräch.
- Ein **Feedbackfragebogen**, den Sie den Eltern im Anschluss an die Eingewöhnung geben können, um Informationen zu sammeln. Mit den Antworten können Sie Ihre Arbeit reflektieren und eventuell anpassen.

DAS SOLLTEN WIR ÜBER IHR KIND WISSEN

Datum: ____________________

Name der Erziehungsberechtigten: ____________________

Name des Kindes: ____________________ Geburtsdatum: ____________________

Geschwister (Name + Alter): ____________________

Kennt Ihr Kind **Fremdbetreuung**? Wann, bei wem, wie lange? ____________________

Wie sieht der aktuelle **Tagesablauf** Ihres Kindes aus? ____________________

Welches Ritual hat Ihr Kind beim **Abschiednehmen**? ____________________

Hat Ihr Kind beim **Wickeln** ein Ritual? ____________________

Welche Rituale hat Ihr Kind beim **Einschlafen**? ____________________

Wie teilt sich Ihr Kind mit? Gibt es **Signale**, die wir kennen sollten? ____________________

Welches **Temperament** hat Ihr Kind? ____________________

Welche Erfahrungen hat Ihr Kind im **Umgang mit anderen Kindern**? ____________________

Was **kann** Ihr Kind schon gut? ____________________

Wo braucht Ihr Kind **Unterstützung**? (Hilfe beim Essen, Toilettengang etc.) ____________________

Wofür **interessiert** sich Ihr Kind derzeit? ____________________

Womit **beschäftigt** sich Ihr Kind am liebsten? Womit **spielt** es gern? ____________________

Benötigt Ihr Kind ein **Stofftier** o.Ä.? Mit besonderem Namen? ____________________

Wie unterstützen Sie die Entwicklung Ihres Kindes? ____________________

Was ist Ihnen in Ihrer Erziehung wichtig? ____________________

Wie ist der Gesundheitszustand des Kindes? Braucht es Medikamente? ____________________

Hat Ihr Kind Allergien? ____________________

Gibt es wichtige Ereignisse im Leben Ihres Kindes, die wir kennen sollten? ____________________

Welche Erwartungen haben Sie an die Betreuung in unserer Einrichtung? ____________________

Was wünschen Sie sich für Ihr Kind in der Einrichtung? ____________________

HERZLICH WILLKOMMEN IN DER KRIPPE

Liebe Eltern,

bald ist es soweit und Ihr Kind kommt in unsere Einrichtung. Wir freuen uns schon sehr darauf, Sie und Ihr Kind kennenzulernen und wünschen uns, dass Sie sich wohlfühlen!

Mit dem ersten Krippentag startet die Eingewöhnungsphase, in der Sie Ihr Kind als vertraute Person begleiten. Die Dauer der Eingewöhnung ist individuell. Planen Sie zwei bis vier Wochen ein. Manchmal kann sie auch etwas länger dauern, wenn unvorhergesehen Ereignisse geschehen.

In der ersten Phase (ca. drei Tage) verbringen Sie mit Ihrem Kind täglich etwa eine Stunde gemeinsam in der Einrichtung. Konzentrieren Sie sich auf Ihr Kind und beobachten Sie es. Beschäftigen Sie sich nur mit ihm, wenn es das einfordert. Der*die Bezugserzieher*in wird mit Spielangeboten und -material behutsam Kontakt zu Ihrem Kind aufnehmen, es beobachten und seine Reaktionen kennenlernen.

In der zweiten Phase werden erste kleine Trennungen erfolgen, sobald sich Ihr Kind sicher in der Gruppe fühlt. Sie bleiben in der Einrichtung und kommen bei Bedarf dazu. Ansonsten nehmen Sie in der Gruppe eine Beobachterposition ein und kommen nur in Situationen dazu, wenn Ihr Kind den*die Bezugserzieher*in nicht akzeptiert.

In der dritten und abschließenden Phase hat sich das Kind an den*die Bezugserzieher*in und die Gruppe gewöhnt. Sie bringen Ihr Kind morgens in die Einrichtung und verabschieden sich dann zügig, bleiben aber unbedingt telefonisch erreichbar. Die Eingewöhnung war dann erfolgreich, wenn sich Ihr Kind in der Gruppe wohlfühlt, der*die Bezugserzieher*in zur sicheren Basis geworden ist und es sich von ihr trösten lässt.

In den ersten Wochen wird Ihr Kind am Nachmittag sicher müder als gewohnt sein und vielleicht auch anderes ungewohntes Verhalten zeigen. Das ist eine normale Reaktion.

Noch ein Tipp: Die Eingewöhnung gelingt leichter, wenn Sie als Eltern der Krippe und den Erzieher*innen gegenüber positiv eingestellt sind. Diesem Brief legen wir die Checkliste „Bitte zur Eingewöhnung mitbringen" bei.

Haben Sie noch Fragen oder ist Ihnen etwas unklar, dann sprechen Sie uns gerne an – auch bevor Ihr Kind seinen ersten Tag in der Krippe erlebt.

Herzliche Grüße

Ihr Kita-Team

WAS SIE ZUR EINGEWÖHNUNG MITBRINGEN SOLLTEN

Liebe Eltern,

der Kita-Start ist eine spannende und aufregende Zeit für Ihr Kind. Damit es sich von Anfang an möglichst **wohlfühlen** kann, bringen Sie bitte schon **am ersten Tag** in der Krippe die **folgenden Dinge für Ihr Kind** mit:

- ☐ Stofftier, Schmusetuch oder ein kleines Spielzeug
- ☐ Hausschuhe oder ABS-Socken
- ☐ Frühstück (ein belegtes Brot und ein Stück Obst und/oder Gemüsesticks)
- ☐ Ein gut sitzender Rucksack, in dem das Kind sein Frühstück transportiert
- ☐ Falls nötig Windeln, Feuchttücher und Wundschutzcreme
- ☐ Falls nötig Schnuller und Schnullerbox
- ☐ Stoffbeutel mit Wechselkleidung
- ☐ Schlafanzug
- ☐ Matschhose, Regenjacke und Gummistiefel
- ☐ Foto des Kindes für die Garderobe
- ☐ Kita-Tauglichkeitsbescheinigung und Nachweis über den Impfstatus
- ☐ Telefonnummern für den Notfall
- ☐ Leerer Aktenordner für das Portfolio Ihres Kindes
- ☐ Unterschriebene Abholberechtigung

Sonstiges:

____

____

____

Tipp

Beschriften Sie alle Kleidungsstücke und sonstigen Gegenstände mit wasserfestem Stift oder Aufklebern mit dem Namen Ihres Kindes. So geht nichts verloren und kann jederzeit Ihrem Kind zugeordnet werden.

DIE ERSTEN TAGE IN DER KITA

Dokumentieren Sie jeweils auch die **Anwesenheitszeit** des Eingewöhnungskindes, die getroffenen **Vereinbarungen** mit dem begleitenden Elternteil sowie besondere **Ereignisse** des Eingewöhnungstages und ein Statement zum **Gesamteindruck** des Kindes und des Elternteils.

Name des Kindes: ____________________

Eingewöhnung von __________ bis __________

Woche ______

Tag 1 Datum: __________ Wochentag: __________

Tag 2 Datum: __________ Wochentag: __________

Tag 3 Datum: __________ Wochentag: __________

Tag 4 Datum: __________ Wochentag: __________

Tag 5 Datum: __________ Wochentag: __________

SO HABEN WIR DIE ERSTEN TAGE IN DER KITA ERLEBT

Liebe Eltern,

bitte beantworten Sie uns die folgenden **Fragen zur Eingewöhnung** Ihres Kindes stichwortartig. Mit Ihrem Feedback helfen Sie uns, eine **gute und vertrauensvolle Zusammenarbeit** mit Ihnen zu gestalten.

1. **Information** – Fühlten Sie sich vor der Eingewöhnungsphase genügend informiert? Was hätten Sie gern noch gewusst? ☐ ja ☐ nein ☐ weiß nicht

   ____

   ____

2. **Empfang** – Waren Sie mit der Begrüßung am ersten Tag Ihres Kindes in der Krippe zufrieden? ☐ ja ☐ nein ☐ weiß nicht

   ____

3. **Vertrauen** – Hat sich der*die Erzieher*in um das Vertrauen Ihres Kindes bemüht? Hat Ihr Kind Vertrauen gefasst? ☐ ja ☐ nein ☐ weiß nicht

   ____

   ____

4. **Trennung** – Waren Sie mit Zeitpunkt und Dauer der ersten kurzen Trennung einverstanden? ☐ ja ☐ nein ☐ weiß nicht
   Wie haben Sie die Trennung empfunden?

   ____

   ____

5. **Meinung** – Waren Sie derselben Meinung, als Ihnen der*die Erzieher*in sagte, dass die Eingewöhnung abgeschlossen sei? ☐ ja ☐ nein ☐ weiß nicht

   ____

6. **Erfolg** – Empfinden Sie die Eingewöhnung Ihres Kindes als gelungen? ☐ ja ☐ nein ☐ weiß nicht

7. **Wünsche** – Was hätten Sie sich von den Erzieher*innen in der Eingewöhnungsphase noch gewünscht? ☐ ja ☐ nein ☐ weiß nicht

   ____

   ____

8. **Sonstiges** – Möchten Sie uns noch etwas mitteilen?

   ____

Bitte geben Sie uns den ausgefüllten Bogen bis zum ____________________ zurück.

Vielen Dank für Ihre Unterstützung!

2. Elternabend

©Cornelsen/Kristina Klotz

Liebe*r Erzieher*in

einen Elternabend zu **planen**, **vorzubereiten, durchzuführen** und auch **nachzubereiten** gehört zu Ihrem Arbeitsalltag dazu, bedeutet aber jedes Mal einiges an Arbeit und zusätzlichem **Aufwand**. **Aktuelle Themen** wollen zusammengestellt, **interessantes Info-Material** für die Eltern bereitgelegt und Dinge mit dem Träger abgesprochen werden. Und auch im Nachhinein gibt es einiges an **Nacharbeit** zu tun.

In diesem Kapitel erwarten Sie **praktische Materialien und Arbeitshilfen** rund um das Thema Elternabend, damit Sie sich auf das Wesentliche konzentrieren können:

- Eine praktische **Briefvorlage** für die Einladung zum Elternabend, die Sie nur noch ergänzen müssen.
- Eine Vorlage für das **Elternabend-Protokoll**, die am Schwarzen Brett alle im Anschluss über den Elternabend, die Beschlüsse und Entscheidungen informiert.
- Eine übersichtliche **Planungshilfe** für die To-dos, in die Sie am Elternabend selbst noch alle Aufgaben gut strukturiert eintragen können.
- Ein **Feedbackfragebogen**, in dem die Eltern Ihnen ihren Eindruck des Abends gleich rückmelden und Ideen und Impulse für den folgenden Elternabend geben können.
- Ein fertiger **Eltern-Fragebogen** mit Themenwünschen für den Elternabend zum Ankreuzen und freien Feldern zum Ergänzen eigener Themen, der Sie darin unterstützt, die spannendsten Themen für „Ihre" Eltern zusammenzustellen und die Bedürfnisse nach Information zu stillen.

WIR LADEN ZUM ELTERNABEND EIN

Einladung

Datum: ____________________

Liebe Eltern,

wir laden Sie herzlich zu unserem Elternabend mit dem Thema

____ ein.

Er findet am ________________, von ______ Uhr bis voraussichtlich

______ Uhr statt.

Unsere Tagesordnungspunkte:

____

____

____

Bitte teilen Sie uns mit dem Abschnitt unten bis zum ____________ mit, ob Sie kommen. Wir freuen uns auf einen anregenden und interessanten Abend mit Ihnen!

Herzliche Grüße

Ihr Kita-Team

- -

☐ Wir kommen zum Elternabend am ________________ mit ____ Person/en.

☐ Wir können leider nicht kommen.

Name des Kindes: ____________________________ Datum: ____________________________

Unterschrift Erziehungsberechtigte*r ____

Bitte geben Sie uns den ausgefüllten Abschnitt bis zum ________________ zurück.

SO WAR DER LETZTE ELTERNABEND

Datum: ________ Ort: ________________ von _____ Uhr bis _____ Uhr Gruppe: _____

Thema des Elternabends:

____

Moderation: ____________________ Protokollant: ____________________

TOP 1: ______________________________________

TOP 2: ______________________________________

TOP 3: ______________________________________

TOP 4: ______________________________________

____

Ergebnisse/Beschlüsse:

____

____

____

____

____

____

____

____

____

____

__________ ______________________________

Datum Unterschrift

WER MACHT WAS BIS WANN?

Datum: ______

Was?	Wer?	Bis wann?	Anmerkung

WIE HAT IHNEN DER ELTERNABEND GEFALLEN?

Liebe Eltern,

wir bitten Sie, uns **stichwortartig** die folgenden **Fragen zum Elternabend** mit dem

Thema ______________________________ zu beantworten.

Mit Ihrem **Feedback** helfen Sie uns, unsere Arbeit zu verbessern und eine **gute und vertrauensvolle Zusammenarbeit** mit Ihnen zu gestalten.

1. Hat der Elternabend Ihre Erwartungen erfüllt?

☐ ja ☐ nein ☐ weiß nicht

____

2. Haben Sie den Abend als produktiv empfunden?

☐ ja ☐ nein ☐ weiß nicht

____

3. Haben Sie die Atmosphäre positiv wahrgenommen?

☐ ja ☐ nein ☐ weiß nicht

____

4. Haben Sie Verbesserungsvorschläge? Welche?

____

____

____

5. Allgemeine Bemerkungen und Wünsche:

____

____

____

Bitte geben Sie uns den ausgefüllten Bogen bis zum ______________ zurück.

Vielen Dank für Ihre Unterstützung!

WELCHE THEMEN SIND INTERESSANT FÜR SIE?

Liebe Eltern,

wir sind neugierig: **Welche Themen** wünschen Sie sich für unsere Themen-Elternabende? Bitte kreuzen Sie bis zu drei der unten genannten Themen an, über die Sie gern mehr erfahren möchten. Ihr Wunsch ist nicht dabei? – Am Ende der Liste ist auch noch **Platz für eigene Themen, Anliegen und Anregungen**.

Bitte geben Sie uns den ausgefüllten Bogen bis zum ______________ zurück.

Name: ________________________________ Datum: ________________

- ☐ Kita-Konzept, Alltag und Tagesablauf, besondere pädagogische Angebote
- ☐ Schulfähigkeit/Schulvorbereitung und Übergang
- ☐ Bildung im Elementarbereich
- ☐ Verkehrserziehung
- ☐ Kindliches Spiel/Spielmaterial
- ☐ Märchen
- ☐ Medienkompetenz
- ☐ Suchtprävention
- ☐ Gesunde Ernährung und Zahnpflege
- ☐ Kinderschlaf
- ☐ Magische Phase
- ☐ Sauberkeitsentwicklung
- ☐ Sexualerziehung, Aufklärung und Körperbewusstsein
- ☐ Läuse, Windpocken und Co. – Kinderkrankheiten
- ☐ Sprachentwicklung, Sprachbildung und Sprachauffälligkeiten
- ☐ Regeln, Grenzen, Konsequenzen
- ☐ Lob, Kritik und Motivation im Alltag mit Kindern
- ☐ Rituale
- ☐ Hochbegabung
- ☐ Geschwisterbeziehungen
- ☐ Selbstwertgefühl und Selbstvertrauen
- ☐ Kinder in der Trotzphase
- ☐ Kinderängste
- ☐ Aggressives Verhalten/Verhaltensauffälligkeiten
- ☐ Partizipation zu Hause und in der Kita
- ☐ Unsichtbare Freunde
- ☐ Religion und Werte
- ☐ Andere Kulturen
- ☐ Sonstige Themen, Anregungen, Anliegen und Wünsche:

____

____

3. Elterngespräch

Liebe*r Erzieher*in

Elterngespräche sei es aus aktuellem, vielleicht unangenehmem **Anlass** oder als klassisches regelmäßiges **Entwicklungsgespräch** bedeuten für beide Seiten immer einen wichtigen Austausch mit den Eltern Ihrer Kita-Kinder, der letztendlich den Kindern zugute kommt.

Ein solches Gespräch erfordert von Ihnen oft **Fingerspitzengefühl**, immer viel **Vorbereitung** und zusätzlich **Reflexion** und **Nacharbeit**.

In diesem Kapitel erwarten Sie **praktische Materialien und Arbeitshilfen** rund um das Thema Elterngespräch, damit Sie Ihre Zeit für das Wesentliche nutzen können:

- Eine **Vorbereitungshilfe** auf das Elterngespräch, die Ihnen als Checkliste dient, damit Sie keinen Vorbereitungsschritt vergessen.
- Eine **Briefvorlage** „Einladung zum Elterngespräch", die Sie kopieren und auf die jeweilige Situation leicht anpassen können.
- Eine **Protokollvorlage** für das Elterngespräch, in der Sie Ergebnisse und Vereinbarungen festhalten können.
- Eine **Checkliste** „Professionelles Elterngespräch"

WAS SIE VOR EINEM ELTERNGESPRÄCH ERLEDIGEN

Liebe Eltern,

diese Checkliste fasst **alle wichtigen Vorbereitungsschritte** für ein Elterngespräch zusammen:

- ☐ Das Kind mehrere Tage beobachten und sich Notizen machen.
- ☐ Mit Kolleg*innen über das Kind austauschen, um eigene Beobachtungen zu überprüfen und weitere Eindrücke zu gewinnen.
- ☐ Die Eltern mit einem Brief zum Entwicklungsgespräch einladen und dabei mehrere Termine anbieten. Kurz vor dem Termin nochmal mündlich daran erinnern.
- ☐ Worüber soll mit den Eltern gesprochen werden? Schwerpunkte festlegen. Veränderungen, Stärken, Interessen und Entwicklungsverzögerungen des Kindes schriftlich festhalten.
- ☐ Alle Informationen zusammenstellen und die Fragen an die Eltern notieren.
- ☐ Die eigenen Gefühle dem Kind und den Eltern gegenüber reflektieren und positive Gedanken und Eigenschaften aufschreiben.
- ☐ Einen positiven Einstieg in das Gespräch überlegen.
- ☐ Den Ort des Gesprächs vorbereiten, Störungen ausschließen, für eine angenehme Atmosphäre sorgen, Getränke bereit stellen etc.

Sonstiges/Notizen:

____

____

____

____

____

____

____

____

ICH LADE SIE ZUM ELTERNGESPRÄCH EIN

Einladung

Datum: ____________

Liebe Eltern von ____________________,

da wir zu den Bring- und Abholzeiten nur die Gelegenheit für kurze Tür-und-Angel-Gespräche haben, möchte ich Sie hiermit herzlich zu einem ausführlicheren Gespräch über die Entwicklung Ihres Kindes in die Kita einladen. Dabei können wir uns in Ruhe austauschen. Ich berichte Ihnen, wie Ihr Kind den Tag in der Einrichtung verbringt und welche Entwicklungsschritte und welche Interessen des Kindes ich beobachten konnte. Vielleicht haben Sie auch Fragen und Dinge, die Sie gern mit mir besprechen möchten.

Folgende Termine schlage ich Ihnen vor:

Datum: ______________, von ______ Uhr bis ______ Uhr oder

Datum: ______________, von ______ Uhr bis ______ Uhr

Bitte geben Sie mir bis zum ______________ Bescheid, ob bzw. welchen der Termine Sie wahrnehmen können. Ich freue mich auf unser Gespräch!

Herzliche Grüße

ENTWICKLUNGSGESPRÄCH

über das Kind ______________________ **am** ______________

Gesprächsteilnehmer: ______________________

Verantwortliche*r Erzieher*innen: ______________________

Anlass für das Gespräch: ______________________

Alter des Kindes: ________

	Eltern	**Kita:**
Aktuelle Entwicklung des Kindes:		
Kontakt zur Gruppe und zu Erwachsenen (Erzieher*innen, Eltern, andere Bezugspersonen):		
Allgemeine Eindrücke:		
Im Moment wichtig für das Kind (Spielzeug, Spiele, Interessen):		
Das Kind lernt zur Zeit (Bildungsthemen):		
Besondere Beobachtungen:		
Fragen/Kritik/Anregungen:		
Entwicklungsstand des Kindes:		
Emotionale Entwicklung:		
Soziale Entwicklung:		
Motorische Entwicklung:		
Kognitive Entwicklung:		
Sprachliche Entwicklung:		
Entwicklungsziele für die nächsten Wochen/Monate:		

Vereinbarungen, Verabredungen, Beschlüsse und offene Fragen für einen neuen Termin:

____

____

____

Unterschrift Erzieher*in   Unterschrift Erziehungsberechtige*r

TIPPS FÜR EINE GUTE KOMMUNIKATION MIT DEN ELTERN

Liebe Eltern,

Den ersten Abschnitt der folgenden Liste können Sie als **vorbereitenden Leitfaden** für ein Elterngespräch nutzen oder zusammen mit dem zweiten Abschnitt zur **Reflexion des Gesprächs** und zur **Evaluation**.

Im Elterngespräch:

Haltung:

- ☐ Authentisch
- ☐ Offen
- ☐ Optimistisch
- ☐ Geduldig

Handeln:

- ☐ Aktiv zuhören
- ☐ Offene Fragen stellen (Informationen sammeln, Denken anregen, verstehen)
- ☐ Geschlossene Fragen stellen (Konsens bestärken)
- ☐ Eigenen Standpunkt vertreten
- ☐ Konkret formulieren
- ☐ Ich-Botschaften senden
- ☐ Beim Thema bleiben

Nach dem Gespräch/Reflexion:

- ☐ Zeitrahmen eingehalten
- ☐ Gesprächsziel erreicht
- ☐ Eltern sind zu Wort gekommen
- ☐ Eltern haben selbst Lösungen entwickelt
- ☐ Stand der Dinge (immer wieder) zusammengefasst
- ☐ Vereinbarungen getroffen
- ☐ Übereinkünfte schriftlich festgehalten
- ☐ Protokoll von beiden Seiten unterschrieben
- ☐ Guten Abschluss gefunden

4. Kita-Aktionen

Liebe*r Erzieher*in

Angebote und besondere **Aktionen in der Kita** zu **planen**, **vorzubereiten, durchzuführen** und auch **nachzubereiten** ist ein wichtiger Teil Ihres Alltags. Insbesondere die Aktionen, wie **Ausflüge oder Feste**, bedürfen immer besonderer Vorbereitung in der Elternarbeit für die Sie Briefe, Aushänge und anderes Material benötigen.

In diesem Kapitel erwarten Sie deshalb **praktische Materialien und Arbeitshilfen** rund um die Themen **Ausflug, Fest, Übernachtung und Mithilfe**, die Sie in der Vorbereitung der Kita-Aktionen unterstützen:

- Eine **Eltern-Info „Wir machen einen Ausflug"** für Ihre Pinnwand/Ihr Schwarzes Brett, mit der Sie die Eltern über den Ausflug, das Ziel sowie Datum und Uhrzeit informieren.
- Eine **Checkliste „Zum Ausflug mitbringen"**, mit der Sie den Eltern mitteilen, welche Dinge das Kind am Ausflugstag mitbringen soll.
- Eine **Eltern-Info „Wir feiern ein Fest"**, die Sie mit den wichtigsten Infos ergänzen, und die die Eltern an Pinnwand oder Schwarzem Brett über die bevorstehende Feier informiert.
- Eine **Praxisvorlage „Buffet-Spenden und Co."**, mit der die Eltern Ihnen mitteilen können, was sie zum geplanten Buffet bei einem Kita-Fest beisteuern möchten.
- Eine **Praxisvorlage „Wir bitten um Material für unsere Aktionen"** mit der Sie die Eltern um Spenden für Material für Aktionen bieten können.
- Eine **Eltern-Info „Wir übernachten in der Kita"** zur Ankündigung der Übernachtung für die Eltern.
- Eine **Checkliste „Schlafsachen mitbringen"** als Ergänzung zur Eltern-Info zur Kita-Übernachtung, mit der Sie den Eltern mitteilen, was ihr Kind mitbringen soll.
- Eine **Eltern-Info „Arbeitseinsatz | Wir verschönern unsere Räume"** über eine anstehende Renovierung der Kita-Räume in Eigenregie, bei der Sie die Eltern um Mithilfe bitten.
- Eine **Planungshilfe „Wer hilft wo?"**, mit der Sie die Hilfe der Eltern bei der anstehenden Kita-Renovierung organisieren.

WIR MACHEN EINEN AUSFLUG

AUSFLUG

Liebe Eltern,

wir freuen uns,
mit Ihren Kindern einen Ausflug
zu unternehmen!

Am ______________ von _____ Uhr bis _____ Uhr geht es nach/in/zu

____

____.

Uns erwartet dort:

____

____

____

____

Für den Ausflug fallen Unkosten in Höhe von _____ Euro an.

Bitte geben Sie den Betrag vorab bis zum _________ bei ____________ ab.

Bitte achten Sie darauf, Ihr Kind an diesem Tag besonders pünktlich um _______ Uhr in der Einrichtung abzugeben!

Es sollte bereits gefrühstückt haben.

Eine Checkliste mit allen Dingen, die Ihr Kind an diesem Tag braucht, liegt diesem Brief bei.

Herzliche Grüße

Ihr Kita-Team

DAS BRAUCHT IHR KIND UNTERWEGS

Geben Sie Ihrem Kind für unseren Ausflug am ______________ mit dem Ziel ______________________________ bitte die folgenden Dinge mit:

- ☐ Rucksack
- ☐ Brotbox mit ________________________________
- ☐ Trinkflasche mit Wasser
- ☐ Geldbetrag: __________ €
- ☐ Gummistiefel
- ☐ Matschhose
- ☐ Regenjacke
- ☐ Schal
- ☐ Handschuhe
- ☐ Mütze
- ☐ Winteranzug
- ☐ Schlitten
- ☐ Wasserschuhe
- ☐ Schwimmsachen
- ☐ Sonnenhut
- ☐ Sonnencreme

Sonstiges:

____

____

____

____

DIE KITA LÄDT EIN

Einladung

Liebe Eltern,

wir feiern!

Am ____________________ von ______ Uhr bis ______ Uhr feiern wir in unserer Kita ______________________________________ und laden Sie herzlich dazu ein.

Ein bisschen Unterstützung von Ihnen können wir noch gut gebrauchen. Am Schwarzen Brett hängen Listen aus. Bitte tragen Sie sich dort ein, wo Sie uns unterstützen können. Jede helfende Hand ist willkommen!

Wir freuen uns sehr, wenn Sie teilnehmen können und wünschen Ihnen schon jetzt viel Spaß!

Herzliche Grüße

Ihr Kita-Team

WIR BITTEN UM BUFFET-SPENDEN

Liebe Eltern,

für unser ______________________-Fest am _____________ um ______ Uhr freuen wir uns über **Buffet-Spenden**.

Bitte tragen Sie ein, was Sie beisteuern können:

Was	Wer
Waffelteig	
Trockener Kuchen	
Obstkuchen	
Käsekuchen	
Zimtschnecken	
Cakepops	
Muffins	
Cookies	
Laugengebäck	
Obstspieße	
Rohkostteller mit Dip	
Gekochte Eier	
Brot	
Teig für Stockbrot	
Käsespieße	
Nudelsalat	
Kartoffelsalat	
Reissalat	
Gemüsequiche/-kuchen	
Pizzaschnecken	
Frikadellen	
Miniwürstchen	
Bratlinge	
Kinderbowle	

Was	Wer
Kinderpunsch	
Limonade	
Smoothies	
Säfte	
Lampions	
Servietten	
Pappteller	
Becher	
Strohhalme	
Luftschlangen	
Konfetti	
Girlande	
Stöcke für Stockbrot	
Plätzchenteig fürs Adventsbacken	
Ausgeblasene Eier fürs Ostereiermalen	
Ausgehöhlte Kürbisse fürs Halloweenbasteln	
Salzteig zum Gestalten	
Tannenzweige und Deko fürs Adventsbasteln	
Sonstiges:	

WIR BITTEN UM MATERIAL FÜR UNSERE AKTIONEN

Liebe Eltern,

für unsere **Aktionen in der Kita** brauchen wir immer wieder **verschiedene Materialien zum Gestalten, Forschen und Co. Dafür bitten wir Sie um Ihre Unterstützung!** Vielleicht haben Sie einiges davon ohnehin **zu Hause** und können es erübrigen, manches fällt vielleicht in Ihrem Alltag als **Abfall** an und wieder anderes möchten Sie eventuell für die Einrichtung **anschaffen**.

Folgende Material-Spenden werden aktuell benötigt:

- ☐ Weißes Papier/Tapetenrollen zum Malen
- ☐ Bunte Stifte
- ☐ Pinsel
- ☐ Zapfen
- ☐ Kastanien
- ☐ Kieselseine
- ☐ Eicheln
- ☐ Stöcke
- ☐ Gepresste Blätter
- ☐ Leere Becher
- ☐ Leere Dosen/Behälter
- ☐ Schachteln und Kartons
- ☐ Leere Plastikflaschen
- ☐ Ü-Ei-Kapseln
- ☐ Strohhalme
- ☐ Pappteller
- ☐ Pappbecher
- ☐ Kronkorken
- ☐ Korken
- ☐ Bierdeckel
- ☐ Hygiene-Handschuhe/Einweghandschuhe
- ☐ Pflaster
- ☐ CD-Rohlinge
- ☐ Zahnstocher
- ☐ Tabletts
- ☐ Trichter
- ☐ Messbecher
- ☐ Schwämme, Haushaltsschwämme und -tücher
- ☐ Wäscheklammern
- ☐ Toilettenpapierrollen/Küchenpapierrollen
- ☐ Alte Zeitungen/Zeitschriften
- ☐ Papiertüten
- ☐ Bänder und Kordeln
- ☐ Stoffreste/alte Kleidung
- ☐ Textilreste
- ☐ Wolle/Wollreste
- ☐ Federn
- ☐ Plastikkämme
- ☐ Knöpfe
- ☐ Glassteine
- ☐ Perlen
- ☐ Glitter/Glitzerdeko
- ☐ Büroklammern
- ☐ Ketten
- ☐ Spielhütchen
- ☐ Spiegel
- ☐ Pfeifenputzer
- ☐ ______________________

Vielen Dank für Ihre Unterstützung!

WIR ÜBERNACHTEN IN DER KITA

Datum: ____________________

Liebe Eltern,

am ____________________ übernachten wir mit den Kindern in der Einrichtung!

Wir **treffen** uns um ________ Uhr in der Kita. Am nächsten Morgen können Sie Ihr Kind zwischen ________ Uhr und ________ Uhr wieder **abholen**.

Auf dem **Programm** stehen:

- ☐ Nachtwanderung
- ☐ Gruselgeschichte
- ☐ Lagerfeuer mit Stockbrot
- ☐ ____

Es werden ________ Elternteile zur Unterstützung bei diesem Abend benötigt.
Falls Sie Interesse haben, melden Sie sich bitte bei Ihrer Gruppenleitung.

Wir werden gemeinsam in der Kita zu **Abend essen** und freuen uns dafür über Ihre **Unterstützung**:

____

____

____

____

Bitte packen Sie mit Ihrem Kind die Dinge von der beiligenden Liste in die Übernachtungstasche ein – falls sie nicht bereits in der Kita vorhanden sind.

Wir freuen uns auf einen **erlebnisreichen Abend** und eine **spannende Nacht** mit den Kindern!

Herzliche Grüße
Ihr Kita-Team

DAS BRAUCHT IHR KIND FÜR DIE KITA-ÜBERNACHTUNG

Liebe Eltern,

bitte geben Sie Ihrem Kind für die **Übernachtung in der Kita** am ______________________
die folgenden Dinge mit:

- ☐ Schlafanzug/Nachthemd
- ☐ Kissen und Decke oder Schlafsack
- ☐ Kuscheltier
- ☐ Schmusedecke/Stofftier
- ☐ Zahnbürste und Zahnpasta
- ☐ Schnuller und Schnullerbox
- ☐ Bürste
- ☐ Waschlappen
- ☐ Handtuch
- ☐ Taschenlampe
- ☐ Mit Namen beschriftete Box für die persönlichen Sachen des Kindes

Sonstiges:

____

____

____

____

____

____

____

____

____

____

WIR VERSCHÖNERN UNSERE RÄUME

Datum: ____________________

Liebe Eltern,

unseren Kita-Räumen sieht man an, dass Ihre Kinder hier jeden Tag spielen und ein **lebendiges und schönes Kita-Leben** stattfindet. Deshalb möchten wir unsere **Räume wieder verschönern.**

Die Aktion findet am ____________________
von ________ Uhr
bis ________ Uhr statt.

Dabei sind wir auf Ihre Unterstützung angewiesen. Bitte tragen Sie auf der ausgehängten **Helfer-Liste** ein, bei welchen Arbeiten Sie helfen können.

Wir hoffen auf zahlreiche helfende Hände, damit die Räume für Ihre Kita-Kinder bald wieder in neuem Glanz erstrahlen können!

Herzliche Grüße
Ihr Kita-Team

WER HILFT WIE BEIM VERSCHÖNERN?

Datum: ____________________

Liebe Eltern,

wir verschönern unsere Räume am ____________________. Bitte tragen Sie ein, bei welchen **Tätigkeiten** Sie **helfen** können.

Wir benötigen noch Unterstützung:

Tätigkeit	Ich kann helfen
Umräumen/Möbel tragen	
Möbel zusammenbauen	
Tapezieren	
Streichen	
Lackieren	
Reinigungstätigkeiten	
Regale aufhängen	
Gartenarbeit	
Reparaturen	
Aufbauen	
Sonstiges:	

Wir benötigen zudem noch Folgendes:

Material	Ich kann mitbringen
Sonstiges:	

5. Dokumentation und Präsentation

Liebe*r Erzieher*in

Sie dokumentieren das, was die Kinder in der Kita **täglich erleben,** und wie sie sich **entwickeln**, damit sie ihre **eigene Entwicklung nachvollziehen** können und **Wertschätzung** dafür spüren. Außerdem berichten und **präsentieren** Sie das Dokumentierte den Eltern in Tür-und-Angel-Gesprächen, in Elterngesprächen und auch bei Elternabenden. Das gehört Tag für Tag zu Ihren Aufgaben.

Damit Sie sich dabei auf das Wesentliche – nämlich die Inhalte – konzentrieren können, erwarten Sie in diesem Kapitel **praktische Materialien und Arbeitshilfen** rund um das Thema Dokumentation und Präsentation.

- Eine **Praxisvorlage „Bildungssituation im Alltag"**, um einen Moment im Alltag, in dem Bildung sichtbar wird, fotografisch und textlich festzuhalten.
- Eine **Praxisvorlage „Kindermund"**, um die humorvollen Aussprüche der Kinder zu dokumentieren.
- Eine **Praxisvorlage „Lieblingssachen"**, um die Lieblingsdinge der Kita-Kinder übersichtlich und strukturiert zu notieren.
- Eine **Praxisvorlage „Zum ersten Mal …"**, um die vielen ersten Male im Leben eines Kita-Kindes festzuhalten.
- Eine **Praxisvorlage „Wochendokumentation"**, die Sie kopieren und zur wochenweisen Dokumentation der Kita-Aktivitäten nutzen können.
- Eine **Praxisvorlage „Beobachtung/Momentaufnahme"**, um besondere oder auch alltägliche Momente im Kita-Alltag gleich zu notieren und auszuwerten.
- Aus dem **Methodenkoffer: „Professionelle Fotos mit der Digitalkamera"** – die wichtigsten Tipps, die Ihnen dabei helfen, bessere Digitalfotos zur Dokumentation Ihrer Arbeit zu machen, kompakt zusammengefasst.

EIN MOMENT IM ALLTAG –
EINE BILDUNGSSITUATION

Platz für ein Foto

Platz für ein Foto

Name des Kindes: ______________________ Alter: ______ Datum: __________ Uhrzeit: __________

Ort: ______________________ Beobachter*in: ______________________

Beschreibung der Situation:

____

____

____

____

____

____

____

So wird Bildung in dieser Situation sichtbar:

____

____

____

____

____

____

____

Beobachtung und Kommentar:

____

____

KINDERMUND

Name des Kindes: ______________________________

Situation und Kindermund am: ____________

____
____
____
____
____
____
____
____
____
____
____

Situation und Kindermund am: ____________

____
____
____
____
____
____
____
____
____
____
____

DAS MAG ICH

Name des Kindes: ______________________ Datum: ____________

Hier ist Platz für ein Foto.

Das mag ich am liebsten:

Meine Lieblingsfarbe: ______________________

Mein Lieblingstier: ______________________

Mein Lieblingsspielzeug: ______________________

Mein Lieblingsessen: ______________________

Mein Lieblingsgetränk: ______________________

Mein Lieblingskleidungsstück: ______________________

Mein*e Lieblingsfreun*in: ______________________

Das gehört nicht zu meinen Lieblingsdingen: ______________________

ZUM ERSTEN MAL GESCHAFFT, GELERNT, GEWAGT ...

Name des Kindes: ____________ Alter: ______ Datum: ______

Heute habe ich zum ersten Mal

____

Und das war so: ______________________________

____

Und so habe ich mich dabei gefühlt: ______________________________

____

SO WAR UNSERE WOCHE

Gruppe: ______________________ Woche: ______________________

Wochentag	Tätigkeiten/Aktivitäten vormittags	Tätigkeiten/Aktivitäten nachmittags	Sichtbare Bildungsbereiche und Förderung von Kompetenzen
Montag			
Dienstag			
Mittwoch			
Donnerstag			
Freitag			

Bildungsbereiche gemäß des Bildungsplans für das Bundesland: ______________________

1. ______________________ 4. ______________________

2. ______________________ 5. ______________________

3. ______________________ 6. ______________________

PROFESSIONELLE FOTOS MIT DER DIGITALKAMERA

So gelingen professionelle Fotos mit einer Digitalkamera:

1. Das Motiv

- Das Motiv muss im Mittelpunkt des Fotos stehen, aber nicht in der Mitte sein.
- Je mehr Platz das Motiv einnimmt, desto stärker ist es im Blick.
- Dinge, die nicht zum Motiv gehören, lenken ab und irritieren unter Umständen.

2. Das Format

- Querformat ähnelt der menschlichen Perspektive.
- Hochformat wirkt dynamischer.
- Das Motiv sollte immer das Format vorgeben: Quermotiv im Querformat und Hochkantmotiv im Hochformat.

3. Der Bildausschnitt

- Zu nah ist nah genug.
- Motiv sollte nicht genau in der Mitte/nicht symmetrisch sein.
- Motiv darf angeschnitten sein.
- Nahaufnahme oder Ausschnitt sind aussagekräftiger als die Totale.
- Auf Augenhöhe fotografieren, d. h. bei Kindern aus der Hocke.
- Bei Nahaufnahmen von Gegenständen mit Makrofunktion (Blumen-Symbol).

4. Das Licht

- Draußen fotografieren: Tageslicht ist das beste Licht.
- Helles Sonnenlicht wirft starke Schatten, besser: Im Schatten/Halbschatten fotografieren.
- Blitz leuchtet zu stark aus und verursacht harte Schatten.
- Blitz leuchtet nur drei bis fünf Meter aus.
- Besser als Blitz: mehrere Lichtquellen mit indirektem Licht.

5. Bildbearbeitungung

- Automatische Bildkorrektur/Automatische Anpassung wählen.
- Belichtung anpassen: heller oder dunkler.
- Farbe anpassen: wärmer oder kälter, je nach Geschmack.
- Zuschneiden, um den Bildausschnitt zu verändern.
- Funktion „Rote Augen entfernen" nutzen.
- Schwarz-weiß-Effekte/Graustufen ausprobieren.

6. Qualität und pädagogische Arbeit

Liebe*r Erzieher*in

die **Qualität** Ihrer pädagogischen Arbeit und die **pädagogische Arbeit** allgemein ist immer wieder Thema, vor allem im **Kontakt mit den Eltern** der Kita-Kinder. Diese können Ihnen nicht nur **wertvolles Feedback zu Ihrer Arbeit** geben, sondern fragen Sie auch häufig nach **Informationen zu den immer selben Themen** und **wünschen Rat** von Ihnen. In diesem Kapitel erwarten Sie deshalb **kompakt aufbereitete Informationen zu wichtigen Entwicklungsthemen**, die Sie den Eltern an die Hand geben können sowie **Elternfragebögen**, mit denen Sie ein Feedback zu Ihrer Arbeit abfragen können.

- Eine **Elterninfo „Gesunde Ernährung"**, die die Eckpfeiler der gesunden Ernährung zusammenfassen und wertvolle Tipps gibt.
- Eine **Checkliste „Das gehört in die Brotbox"** als Orientierungshilfe für die Eltern.
- Eine **Elterninfo „Sauberkeitsentwicklung"**, die die Eltern dabei unterstützt, gelassener zu sein.
- Eine **Elterninfo „Schlafsituation"** mit Tipps zum guten Schlaf.
- Eine **Elterninfo „Selbstständigkeitsentwicklung"** mit Tipps und Hinweisen, wie Eltern Ihr „trotziges" Kind stärken können.
- Eine **Elterninfo „Übergänge gestalten"** als Orientierungshilfe für den aufregenden Wechsel von Kita in die Grundschule.
- Eine **Elterninfo „Bedeutung des Spiels"** mit grundlegenden Informationen darüber, wie wichtig es für Kinder ist, zu spielen.
- Ein **Merkblatt „Das kann ein Vorschulkind"** mit Fähigkeiten, die ein Vorschulkind können kann.
- Eine **Elterninfo „Sinn und Zweck des Portfolios"**, die den Eltern erläutert, wie wertvoll und vielseitig Portfolioarbeit ist.
- Eine **Elterninfo „Gute Kleidung für die Kita"** mit Tipps und Hinweisen zu praktischer Kinderkleidung, ohne Unfallrisiko.
- Eine **Elterninfo „Unsere Rituale, Traditionen und Feste"**, die den Sinn und den Mehrwert von Ritualen, Traditionen und wiederkehrenden Festen für Kinder erläutert.
- Ein **Elternfragebogen „Wie beurteilen Sie die Kita-Qualität?"** für ein konstruktives Feedback der Eltern zu Ihrer Arbeit.
- Ein **Elternfragebogen „Wie beurteilen Sie das Sicherheitskonzept der Kita?"**, das die Elternmeinung zur Sicherheit in Ihrer Kita sowie Ideen und Vorschläge der Eltern zu Neuerungen und Änderungen abfragt.

GESUNDE ERNÄHRUNG – SO GEHT'S!

Liebe Eltern,

gesunde Ernährung ist nicht schwer, wenn man sich an ein paar **Grundregeln** orientiert. Die wichtigste lautet: **Fertigprodukte enthalten oft zu viel Salz, Zucker und Fett.** Das tut Kindern (und auch Erwachsenen) nicht gut.

Selbst und frisch zubereiten:

- Setzen Sie beim **Frühstück** statt auf Schokoaufstrich, gesüßten Fruchtjoghurt oder Fertigmüsli und Co. besser auf **Vollkornbrot mit Käse und Gurke** oder auf frisch geschnittenes **Obst mit Naturjoghurt**.
- Als **Snacks** eignen sich **Obstschnitze oder Gemüsesticks** besser als Fertigsnacks.
- Bereiten Sie das Essen regelmäßig selbst und frisch zu. Bevorzugen Sie **saisonales Gemüse aus regionalem Anbau** sowie **hochwertiges Fleisch** (lieber seltener und dann von guter Qualität) und würzen Sie mit **Kräutern** und nur ganz **wenig Salz**.

Getränke:

- Stellen Sie Ihrem Kind jederzeit **Wasser** und/oder **ungesüßten Kräuter-Tee** ohne Begrenzung zur Verfügung. Schorlen aus Mineralwasser und Saft sind ab und zu eine schöne Alternative.
- **Verzichten Sie auf Fruchtnektare** – ihnen ist Zucker zugesetzt.
- **Kakao und Limonaden enthalten sehr viel Zucker**. Diese sollte Ihr Kind nur selten und dann begrenzt trinken.
- Gewöhnen Sie Ihrem Kind erst gar nicht an, ständig an der Flasche zu nuckeln. Geschieht dies beispielsweise mit süßem Tee, entsteht leicht der sogenannte **Nuckelflaschenkaries**, der sehr zerstörerisch und schmerzhaft ist.

Info

Unser Feind, der Zucker

Zucker schädigt die Zähne und zerstört die Darmflora, schwächt also das Immunsystem. Er begünstigt Allergien und Übergewicht und wird mit ADHS in Verbindung gebracht. Setzen Sie jede Form von Zucker (Haushaltszucker, Traubenzucker, Maltodextrin etc.) **nur in kleinen Mengen** ein.

Tipp

Öfter mal was Neues!

Geben Sie Ihrem Kind auch immer mal wieder **neue, unbekannte Lebensmittel** zum Probieren. Oft mögen Kinder auch Dinge mit extremem Geschmack, wie beispielsweise Oliven. Lassen Sie Ihr Kind **experimentieren**. Das fördert die **Bildung des Geschmacks** und lässt Essen als etwas Lustvolles erleben.

Viel Freude beim Genießen!

DAS GEHÖRT IN DIE BROTBOX

Liebe Eltern,

bitte geben Sie Ihrem Kind ein **gesundes Frühstück** und **gesunde Snacks** mit in die Kita.

Die folgenden Dinge sind in der Brotbox Ihres Kindes richtig:

- [ ] **Vollkornbrot** mit Wurst/Käse/Frischkäse sowie Tomate, Gurke und Salat
- [ ] **Knäckebrot** mit Wurst/Käse/Frischkäse sowie Tomate, Gurke und Salat
- [ ] **Obst** (Apfelschnitze, Weintrauben, Banane, Mandarine etc.)
- [ ] **Gemüse** (Gurkensticks, Paprikastreifen, Cocktailtomaten etc.)
- [ ] **Naturjoghurt** mit Obst
- [ ] Ungezuckerte **Cornflakes**
- [ ] **Müsli** (ohne Zuckerzusatz oder Schokolade)
- [ ] **Reiswaffeln** (ohne Schokolade)
- [ ] **Dinkelstangen**
- [ ] Trinkflasche mit **Wasser** oder ungesüßtem Tee

Bitte nicht!

- Schokoaufstriche
- Süßigkeiten aller Art (Schokolade, Gummibärchen, Kekse und Co.)
- Trinkpäckchen
- Limonaden

BEREIT FÜR DIE TOILETTE?

Liebe Eltern,

gefühlt gehen alle Gleichaltrigen schon aufs Klo, während Ihr Sprössling noch eine Windel trägt? – Machen Sie sich keine Sorgen: **Irgendwann klappt es ganz von selbst!**

Statt das Kind probeweise auf die Toilette zu setzen, ermöglichen Sie ihm, bei Familienmitgliedern zu **beobachten**, was dort passiert, und **schauen** Sie gemeinsam Bücher zum Thema an. Der erste richtige Kontakt mit dem Klo oder dem Töpfchen sollte **angenehm** für Ihr Kind verlaufen und **ohne Zwang**.

Haben Sie **Geduld** und warten Sie die **Signale** Ihres Kindes ab:

- Die körperlichen Voraussetzungen (z. B. sitzen, laufen) sind gegeben.
- Das Kind hat regelmäßige Darmbewegungen und Stuhlgang etwa um dieselbe Zeit.
- Es gibt längere Zeiträume mit trockener Windel (3–4 Stunden).
- Das Kind bemerkt, dass es Stuhl- und Harndrang hat und kann es mitteilen.
- Das Kind kann sein Spiel für sein „Geschäft" unterbrechen.
- Das Kind kann seine Hose selbst runter und hoch ziehen.
- Das Kind interessiert sich für den Toilettengang anderer.
- Dem Kind sind volle Windeln unangenehm.
- Das Kind hat den Wunsch, keine Windel mehr zu tragen.
- Das Kind hat starkes Autonomiestreben und möchte alles allein tun.
- Das Kind kennt Worte für seine Ausscheidungen und den Vorgang.
- Das Kind kann Anweisungen folgen.

Wenn die meisten Punkte davon auf Ihr Kind zutreffen, können Sie es in seiner Sauberkeitsentwicklung **unterstützen**. Bis Ihr Kind endgültig kein Wickelkind mehr ist, wird noch **Zeit** vergehen. Zunächst wird es **tagsüber** auf die Windel verzichten können. Es ist **normal**, dass immer mal was daneben geht. Deponieren Sie **genügend Wechselwäsche** in der Kita und packen Sie auch immer Ersatzwäsche ein, wenn Sie unterwegs sind.
Besonders in **spannenden oder neuen Situationen** vergessen Kinder manchmal, dass sie auf die Toilette müssen. Auch **emotional anstrengende Momente**, wie ein neues Geschwisterchen oder Streit zwischen den Eltern, kann zu kleinen Ausrutschern führen. Sehen Sie es entspannt und schimpfen Sie nicht! Das ist nur eine Übergangsphase. Haben Sie **Vertrauen** und bleiben Sie **gelassen**!

Herzliche Grüße

Ihr Kita-Team

KINDERSCHLAF – SO INDIVIDUELL WIE IHR KIND

Liebe Eltern,

das Thema **Schlaf** ist für viele Familien eine **Herausforderung**. Die folgenden Tipps helfen dabei eine **gute Schlafroutine** zu etablieren:

1. **Braucht Ihr Kind einen Mittagsschlaf?** – Schlechter Nachtschlaf kann anzeigen, dass der Mittagsschlaf nicht nötig ist. Tauschen Sie sich dazu auch mit den Erzieher*innen aus.

2. **Am Ende des Tages sollte das Kind zur Ruhe kommen.** – Spätestens eine Stunde vor der Schlafenszeit sollte Ihr Kind nicht mehr toben. Fernsehen, Tablet und Co. sollte zu diesem Zeitpunkt tabu sein.

3. **Gewohnte Abläufe geben Sicherheit.** – Ihr Kind sollte einen regelmäßigen Tagesablauf haben. So hat es nicht den Eindruck, plötzlich und unerwartet ins Bett geschickt zu werden. So vermeiden Sie abendliche Konflikte ums ins Bettgehen.

4. **Der beste Moment, zu schlafen, ist, wenn man müde ist.** – Achten Sie darauf, dass Ihr Kind müde ist, wenn es ins Bett geht. Gleichzeitig sollte es aber auch nicht übermüdet sein, wenn Sie es hinlegen. Eindeutige Müdigkeitsanzeichen: häufiges Gähnen, die Augen reiben, gereiztes und ungeduldiges Spielen.

5. **Führen Sie Bettkantengespräche mit Ihrem Kind.** – Sobald Ihr Kind im Bett liegt, setzen Sie sich noch für ein paar Minuten zu ihm und sprechen Sie über die Ereignisse des Tages. So geben Sie ihm die Möglichkeit, das Erlebte zu verarbeiten.

6. **Ganz allein schläft es sich nicht gut.** – Mit dem Lieblingshasen im Arm schläft man besser. Kuscheltiere erleichtern Ihrem Kind den abendlichen Abschied von Ihnen.

7. **Entfernen Sie alle Schlafstörer.** – Dunkeln Sie das Zimmer ab und schließen Sie das Fenster, wenn es laut ist. Falls Ihr Kind Angst hat im Dunkeln, besorgen Sie ein Nachtlicht. Zwischen Abendessen und dem Zubettgehen sollte eine Stunde liegen.

8. **Einschlafrituale helfen.** – Ein eigenes Einschlafritual erleichtert es Ihrem Kind, in den Schlaf zu finden. Der vertraute Ablauf bietet Sicherheit und Geborgenheit. Er hilft dabei, von der spannenden Welt Abschied zu nehmen. Schaffen Sie mit Ihrem Kind zusammen ein eigenes Ritual: Lesen Sie eine Geschichte vor, singen Sie ein Lied oder beten Sie.

9. **Der eigene Schlafplatz ist wichtig.** – Sobald Ihr Kind ein Jahr alt ist, sollte es seinen festen Schlafplatz haben. Ob der im elterlichen Schlafzimmer oder im Kinderzimmer ist, spielt keine Rolle. Wichtig ist, dass das Kind einen verlässlichen Ort hat, an dem es schläft. Wenn es nachts wach wird, muss es sich nicht erst orientieren, sondern kann beruhigt wieder einschlafen.

EIN TROTZIGES KIND LIEBEVOLL BEGLEITEN UND STÄRKEN

Liebe Eltern,

das eigene Kind dabei zu **beobachten**, wie es selbstständig wird, ist wunderbar. Jedoch ist der **Weg oft anstrengend** und es gehören **Trotz, Frustration und Wut** dazu – Gefühle Ihres Kindes, mit denen es selbst, aber auch Sie lernen müssen, umzugehen. Immer wieder **stößt Ihr Kind im Alltag an Grenzen**: Sie verbieten etwas oder eine Sache klappt nicht so, wie sich das Kind es wünscht. Das frustriert! Die **wütenden und verzweifelten Reaktionen des Kindes** werden oft als „Trotz" bezeichnet. Die Gefühle sollten Sie ernst nehmen und Ihrem Kind helfen, sie in Worte zu fassen. Nehmen Sie Ihr Kind in seinem Gefühl an und stärken Sie so seinen Selbstwert. **Achtung Falle:** Das bedeutet nicht, den Gefühlen unbedingt nachzugeben, wie etwa ein Verbot zurückzunehmen. Bemühen Sie sich, gelassen zu sein und dies auf Ihr Kind zu übertragen:

- **Ermutigen Sie Ihr Kind!** Bestärken Sie es darin, etwas wieder zu probieren.
- Seien Sie **verlässlich und liebevoll**, beispielsweise durch Rituale und indem Sie Absprachen einhalten. Das gibt **sicheren Rückhalt**.
- Zeigen Sie **Ihre Grenzen** auf. Diese sollten für das Kind nachvollziehbar sein. So bekommt Ihr Kind Unterstützung bei der **Orientierung in der Welt**.
- **Nehmen Sie Ihr Kind an, so wie es ist**, mit all seinen Stärken und Schwächen, auch wenn es sich vielleicht anders entwickelt, als Sie es sich wünschen.
- Gewähren Sie Ihrem Kind **Freiräume** – natürlich altersgemäße. So lernt es, selbst **Verantwortung** zu übernehmen.
- **Unterstützen Sie die Eigeninitiative** Ihres Kindes. Heute möchte es sich selbst anziehen? Lassen Sie das zu, auch wenn es dadurch länger dauert.
- Fördern Sie, dass Ihr Kind **eigene Entscheidungen** trifft. Das kann der Belag auf dem Butterbrot sein oder die Farbe der Mütze, die Sie kaufen.
- **Helfen Sie nur im Notfall**. Geben Sie Ihrem Kind genug Zeit, etwas allein im **eigenen Tempo** auszuprobieren und machen Sie keinen Druck.
- Bleiben Sie ruhig, flexibel und **vertrauen Sie Ihrem Kind** Das Bad steht nach dem Händewaschen unter Wasser? Das passiert. **Lassen Sie Ihr Kind üben**.
- **Bleiben Sie aufmerksam**. Wenn es nötig ist, setzen Sie Grenzen (z. B. bei scharfen Gegenständen oder im Straßenverkehr) und **erklären Sie**, warum Sie das tun. Auch das ist Teil des Prozesses, selbstständig zu werden.
- Kinder entwickeln sich im **eigenen Tempo.** Bei den U-Terminen beim Kinderarzt werden **die wichtigsten Meilensteine** jeweils überprüft.

Herzliche Grüße

Ihr Kita-Team

SO KÖNNEN SIE DEN ÜBERGANG IN DIE SCHULE GESTALTEN

Liebe Eltern,

der Übergang von der Kita in die Schule ist für Ihr Kind eine **herausfordernde Phase** – und für Sie auch: Ihr Kind wird **Schulkind**! Das bringt **einschneidende Veränderungen** mit sich, die erst einmal verunsichern.

Der Alltag Ihres Kindes verändert sich: Bald wird von ihm z. B. erwartet, sich mit **vorgegebenen Themen** in **vorgegebenen Zeiten** zu beschäftigen. Und auch Ihr Leben erfährt Neuerungen: Der **Stundenplan** strukturiert z. B. den Tag und Ihr Kind bringt **Hausaufgaben** mit.

Um den Kindern den Übergang so leicht wie möglich zu machen, sollten wir Erzieher*innen, Sie, liebe Eltern, und die Lehrer*innen **an einem Strang ziehen**. Wir laden Sie ein, über die Entwicklung Ihres Kindes mit uns **ins Gespräch zu kommen**, und beantworten gern Ihre Fragen.

Begleiten Sie Ihr Kind und **unterstützen** Sie es. Bereiten Sie es auf den **Start in die Schule** vor: Suchen Sie gemeinsam einen **Schulranzen** aus mit passendem Turnbeutel und Mäppchen. Kaufen Sie die Dinge, die auf der **Liste der Grundschule** stehen, und lesen Sie gemeinsam **Bücher zum Thema.** Sie können auch den **Weg von zu Hause zur Schule üben**.

Vielleicht fragen Sie sich, ob Ihr Kind schon **bereit für die Schule** ist. Zur Orientierung legen wir diesem Brief eine Checkliste mit **Vorschulkompetenzen** bei, über die Ihr Kind verfügen kann. **Wichtig:** Diese Liste dient allein der Orientierung. **Ihr Kind muss nicht alle Punkte erfüllen.**

Und **zum Schluss das Allerwichtigste**: Stimmen Sie sich und Ihr Kind positiv auf das Thema Schule ein, indem Sie **entspannt an die neue Lebensphase herangehen** und sich nicht zu viele Gedanken machen.

Herzliche Grüße

Ihr Kita-Team

DAS KANN EIN VORSCHULKIND

Liebe Eltern,

häufig werden wir gefragt, **was ein Vorschulkind so kann**. Die folgende Übersicht gibt Ihnen Orientierung, über welche Kompetenzen und Fähigkeiten ein Vorschulkind verfügen **kann**. Aber auch hier gilt: **Jedes Kind ist anders und kein Kind muss alles können!**

- Seinen eigenen Namen und seine Adresse kennen
- Bei einem Spiel verlieren
- Mehrere Stunden ohne die eigenen Eltern verbringen
- Ohne Eltern woanders übernachten
- Ängste empfinden, benennen und damit umgehen
- Regeln einhalten
- Bedürfnisse und Wünsche auseinanderhalten
- Interessen formulieren
- Sich an einem Gespräch beteiligen
- Nein sagen
- Gefühle anderer erkennen und Rücksicht nehmen
- Jemandem helfen
- Einen besten Freund haben
- Konflikte lösen
- Kritik annehmen und Misserfolge aushalten
- Lösungen finden
- Rückwärts gehen
- Auf einem Bein stehen und hüpfen
- Mit verbundenen Augen laufen
- Einen Ball werfen und fangen
- Roller und Fahrrad fahren
- Etwas ausschneiden
- Ein Muster nachzeichnen
- Eine Figur kneten
- Den eigenen Namen schreiben
- Bis 20 zählen
- Mengen bis 4 simultan erfassen
- Geschmacksrichtungen unterscheiden und Gerüche erkennen
- Fragen und antworten
- Ganze Sätze formulieren
- Eine Geschichte erfinden
- Reime bilden
- Rhythmus und Melodie erkennen
- Sich selbst an- und ausziehen
- Eine Schleife binden
- Zähne putzen und Hände waschen
- Nase putzen
- Allein zur Toilette gehen
- Mit Messer und Gabel essen
- Eine Aufgabe selbstständig übernehmen
- Das eigene Zimmer aufräumen

SPIELEN IST DAS WICHTIGSTE!

Liebe Eltern,

das Spiel ist die Arbeit des Kindes. – Das haben Sie schon einmal gehört, oder? Es ist für Ihr Kind sehr wichtig, zu spielen. Es setzt sich dabei mit der **Welt** auseinander, mit **Regeln**, **Irrtümern**, **Fragen, Gedanken** und **Gefühlen**.
Nur, wer sich **wohlfühlt** und **Freude** empfindet, spielt. Spiele erfüllen **keinen Zweck**, sie entstehen aus **Neugier**. Ihr Kind **unterhält sich selbst** oder jemand anderen damit. Damit das Kind **neugierig** und **konzentriert** spielen kann, muss es in seiner **Individualentwicklung** unterstützt werden. Erst ab 3,5 bis 4 Jahren können Kinder **Sozial- und Regelspiele** spielen. Und das Wichtigste: Zum Spielen braucht man **Platz**, **Material** und vor allem **Zeit**! Wie Sie sehen, sollte das Spiel die **Hauptbeschäftigung Ihres Kindes** sein und ist keine „Spielerei".

Je nach Altersstufe spielen Kinder verschiedene Spiele. Diese **Spielformen** unterscheidet man:

Spielform	Beschreibung	Alter
Funktionsspiel	auch sensomotorisches Spiel genannt, früheste Spielform, Bewegung und der eigene Körper im Zentrum, Selbstwirksamkeit	0–2 Jahre
Bau- und Konstruktionsspiel	Schult kognitive Fähigkeiten, Kreativität und Fantasie, motorische Fähigkeiten sind nötig, z. B. Sandburgen, Bauklötze stapeln	ab 1 Jahr
Rollenspiel	Auseinandersetzung mit alltäglichen Beobachtungen und Rollen, „So-tun-als-ob-Spiele", Nachahmung von Personen des Umfelds, fördert die Sozialkompetenz	3–6 Jahre
Regelspiel	erfordert Verständnis für Regeln, verlieren und gewinnen, Voraussetzung: kognitive, sprachliche, soziale, feinmotorische und/oder emotionale Kompetenzen	ab 3,5 Jahre
Bewegungsspiel	hat festgelegte Regeln, miteinander und aneinander messen, Zusammenspiel von Denken und motorischer Umsetzung, z. B. Fingerspiele, Kreisspiele, Ballspiele	2–6 Jahre

Interessieren Sie sich für **gutes Spielmaterial**? – Es sollte über diese Eigenschaften verfügen: unaufdringlich und mitwachsend sein, mit hohem Aufforderungscharakter, die Sinne ansprechen, Freiraum für eigene Ideen lassen, Fantasie und Kreativität anregen, stabil, sicher und schadstoffarm sein.

Herzliche Grüße
Ihr Kita-Team

WOFÜR EIGENTLICH EIN PORTFOLIO?

Liebe Eltern,

für jedes Kind gibt es einen **Portfolio-Ordner** in der Einrichtung.

Hier halten wir **gemeinsam mit Ihrem Kind** fest, was es in der Kita **erlebt**, was es **gelernt** hat und wie es sich **entwickelt**. So erfährt Ihr Kind **Wertschätzung** und weiß, dass es in seiner **Individualität** gesehen wird. Ihr Kind hat **jederzeit Zugang** zu seinem Portfolio und kann es sich so oft ansehen, wie es möchte.

Auch für Sie ist der Portfolio-Ordner sicher interessant. Schauen Sie gern **mit Ihrem Kind gemeinsam** hinein oder lassen Sie ihn sich im Entwicklungsgespräch von uns zeigen.

Im Portfolio sammeln wir

- Bilder und Zeichnungen des Kindes,
- Bildungs- und Lerngeschichten,
- Fotos von Aktionen und Produkten des Kindes,
- eigene Worte und Kommentare der Erzieher*innen,
- Briefe Erwachsener,
- gedruckte Zeitungsausschnitte,
- Einladungen etc.

Ihr Kind entscheidet mit, was es in sein Portfolio einsortieren möchte. **Jederzeit** hat es Zugriff darauf. Es ist ein **„Bilderbuch über mich“**, das es gern anschauen sollte.

Jedes Portfolio ist genauso einzigartig wie das Kind!

Herzliche Grüße
Ihr Kita-Team

GUTE KLEIDUNG FÜR DIE KITA

Liebe Eltern,

beim Spielen und Toben muss Kleidung einiges aushalten. In der Kita sollte Ihr Kind deshalb **nicht seine wertvollste Kleidung** tragen. Ihr Kind sollte **wettergemäß** gekleidet oder die entsprechenden Kleidungsstücke in der Kita vorfinden. Es gibt auch noch weitere Aspekte, die Sie bei der **Kleiderwahl** für die Kita berücksichtigen sollten.

- **Material:** Dünner Stoff ist unpraktisch, wenn getobt, geklettert und gerutscht wird. Besonders an den Knien und Ellenbogen ist er schnell durchgescheuert. Robuste, langlebige Stoffe, wie Jeans, sind empfehlenswert.
- **Tragekomfort:** Die Kleidungsstücke sollten unbedingt bequem sein für das Kind und es sollte sie selbst anziehen können.
- **Verschlüsse:** Jacke und Schuhe sollten einfach zu schließen und zu öffnen sein, wie Klettverschlüsse oder Druckknöpfe, damit Ihr Kind es selbst tun kann. Im Kita-Alltag haben die Erzieher*innen dafür wenig Zeit.
- **Keine Kordeln, Bänder, Hosenträger und Gürtel:** Sie stellen ein Verletzungsrisiko dar. Ihr Kind kann damit hängenbleiben oder sich verheddern. Verzichten Sie darauf!

> Tipp
>
> **Kleidung für die Kita beschriften**
>
> Etiketten zum Einnähen oder Aufbügeln und wasserfeste Stoffstifte eignen sich hervorragend, um die Kleidung, die Ihr Kind in der Kita trägt oder die dort im Wechselwäschebeutel hinterlegt ist, mit Namen zu kennzeichnen.

- **Hausschuhe:** Hausschuhe sollten bequem sein und eine rutschfeste Sohle haben.
- **Regenkleidung:** Die Kita-Kinder spielen auch draußen, wenn es regnet. Sorgen Sie für passende Regenjacke, Matschhose und Gummistiefel, ggfs. gefüttert, die in der Kita bleiben.
- **Winterkleidung:** Auch im Winter wird draußen gespielt. Schneehose, eine dicke Jacke oder ein Schneeanzug und wasserfeste Stiefel dürfen in der Kita nicht fehlen. Handschuhe, Schal und Mütze sind auch obligatorisch.
- **Sommerausrüstung:** In den heißen Sommermonaten spielen wir draußen mit Wasser, um uns abzukühlen. Hinterlegen Sie deshalb eine Badehose/einen Badeanzug, Badeschuhe, Sonnencreme und einen Sonnenhut.
- **Turnbeutel:** Für den Turntag braucht Ihr Kind eine Hose, ein T-Shirt und Schuhe, Schläppchen oder ABS-Socken für die Turnhalle.
- **Wechselwäsche:** Hinterlegen Sie mindestens eine Garnitur Wechselwäsche (Unterwäsche, Socken, lange Hose, T-Shirt, Pullover oder Strickjacke) in einem mit Namen markierten Wechselwäschebeutel. Wickelkinder benötigen mehr zum Wechseln.

> Tipp
>
> **Für die Übergangszeit**
>
> Softshelljacken und Lagenlook eignen sich besonders, um für jedes Wetter gerüstet zu sein.

RITUALE, TRADITIONEN UND FESTE IN UNSERER KITA

Liebe Eltern,

Rituale sind wichtig für Kinder. Auch **Feste** und **Traditionen** gehören dazu.

In unserer Einrichtung feiern wir einige Anlässe **nur mit den Kindern** und andere auch gemeinsam **mit Ihnen als Eltern**. Für die gemeinsamen Feste werden Sie von uns **rechtzeitig eingeladen** und darüber informiert, welche Unterstützung und Mithilfe wir uns von Ihnen wünschen.

Wir feiern im Kitajahr verschiedene Feste: **Erntedankfest/Halloween**, den **Laternenumzug**, **Weihnachten**, **Karneval**, **Ostern, Sommerfest, Abschiedsfeste** und die **Verabschiedung der Schulkinder**. Natürlich feiern wir auch alle **Geburtstage** der Kinder.

Die Feste sind wichtige **Höhepunkte im Kita-Jahr**, an die sich die Kinder oft noch nach Jahren erinnern. Sie erleben dabei **Gemeinschaft, Freude und Dankbarkeit**. Die Vorbereitungen auf die Feste sind schon aufregend. Hier können sich Kinder, Erzieher*innen und auch Eltern aktiv einbringen.

Jedes Fest führt eine **Tradition** fort und beinhaltet **Rituale**. Das sind immer wiederkehrende Handlungen, die bestimmte Ereignisse einleiten, begleiten oder beenden. Sie sind wichtig für **Orientierung** und **Gemeinschaftserleben** der Kinder und geben ihnen **Halt**, **Sicherheit** und signalisieren **Zugehörigkeit**. Im Erwachsenenalter bleiben diese Rituale oft eine **wunderbare Erinnerung**, und sind ein **wertvoller Schatz für das Leben**, wenn sie in der eigenen Familie fortgesetzt werden.

Herzliche Grüße

Ihr Kita-Team

WIE BEURTEILEN SIE DIE KITA-QUALITÄT?

Liebe Eltern,

Ihre Meinung ist uns wichtig. Bitte nehmen Sie sich Zeit, um den folgenden **Fragebogen zur Kita-Qualität** auszufüllen. Die Befragung erfolgt **anonym**.

1. Ich bin mit den Abhol- und Bringzeiten zufrieden. ☐ ja ☐ nein ☐ weiß nicht
2. Ich habe Verbesserungswünsche: ______
3. Die Betreuungszeiten sind flexibel genug. ☐ ja ☐ nein ☐ weiß nicht
4. Ich wünsche mir andere Betreuungszeiten: ______
5. Ich benötige Betreuung während der Ferienschließzeiten. ☐ ja ☐ nein ☐ weiß nicht
6. Mein Kind geht gern in die Kita. ☐ ja ☐ nein ☐ weiß nicht
7. Ich bin mit der Betreuung meines Kindes zufrieden. ☐ ja ☐ nein ☐ weiß nicht
8. Die Atmosphäre in der **Gruppe** empfinde ich angenehm. ☐ ja ☐ nein ☐ weiß nicht
9. Die Atmosphäre in der **Kita** empfinde ich angenehm. ☐ ja ☐ nein ☐ weiß nicht
10. Ich bin mit Tagesablauf und Ritualen zufrieden. ☐ ja ☐ nein ☐ weiß nicht
11. Ich wünsche mir für den Kita-Tagesablauf: ______
12. Ich bin zufrieden mit der pädagogischen Arbeit. ☐ ja ☐ nein ☐ weiß nicht
13. Ich bin **nicht** zufrieden mit der pädagogischen Arbeit, weil ______
______
14. Mein Kind wird altersgemäß und individuell gefördert. ☐ ja ☐ nein ☐ weiß nicht
15. Ich wünsche mir für mein Kind: ______
16. Ich bin zufrieden mit den Angeboten (Turnen, kreatives Gestalten, …). ☐ ja ☐ nein ☐ weiß nicht
17. Ich bin **nicht** zufrieden mit den Angeboten, weil ______
18. Diese Angebote und Aktivitäten sollten häufiger stattfinden: ______
19. Ich bin zufrieden mit Räumlichkeiten und dem Material. ☐ ja ☐ nein ☐ weiß nicht
20. Die Struktur der Kita-Konzeption ist für mich in der täglichen Arbeit ersichtlich. ☐ ja ☐ nein ☐ weiß nicht
21. Ich bin zufrieden mit dem Engagement der Erzieher*innen. ☐ ja ☐ nein ☐ weiß nicht
22. Ich bin zufrieden mit der Kommunikation im Alltag. ☐ ja ☐ nein ☐ weiß nicht
23. Ich bin zufrieden mit der Qualität der Elterngespräche und Elternabende. ☐ ja ☐ nein ☐ weiß nicht

25. Ich bin zufrieden mit dem Essen und der Verpflegung. ☐ ja ☐ nein ☐ weiß nicht
26. Ich wünsche mir für Essen und Verpflegung: ______
27. Das wollte ich schon immer sagen: ______
28. Diese Verbesserungsvorschläge habe ich in Bezug auf die Kita: ______
______
29. Dieses Lob habe ich in Bezug auf die Kita: ______

Bitte geben Sie den ausgefüllten Bogen bis ______ an uns zurück.

WIE BEURTEILEN SIE DAS SICHERHEITSKONZEPT DER KITA?

Liebe Eltern,

Ihre Meinung ist uns wichtig. Bitte nehmen Sie sich Zeit, um den folgenden **Fragebogen zum Sicherheitskonzept der Kita** auszufüllen. Die Befragung erfolgt **anonym**.

1. Ich finde, mein Kind ist in der Kita sicher aufgehoben. ☐ ja ☐ nein ☐ weiß nicht

   ____

2. Ich fühle mich gut informiert über das Sicherheitskonzept der Kita. ☐ ja ☐ nein ☐ weiß nicht

   ____

3. Ich halte das Sicherheitskonzept der Kita für gut durchdacht und umgesetzt. ☐ ja ☐ nein ☐ weiß nicht

   ____

4. Mit der Sicherheitserziehung meines Kindes in der Kita bin ich zufrieden. ☐ ja ☐ nein ☐ weiß nicht

   ____

5. Folgende Sicherheitsmängel/Gefahren sehe ich für mein Kind in der Kita:

   ____
   ____
   ____
   ____

6. Folgende Sicherheitsbemühungen der Kita gefallen mir:

   ____
   ____
   ____
   ____

7. Sonstiges: ______________________________

   ____
   ____
   ____

Bitte geben Sie den ausgefüllten Bogen bis ____________ an uns zurück.

7. Schwarzes Brett

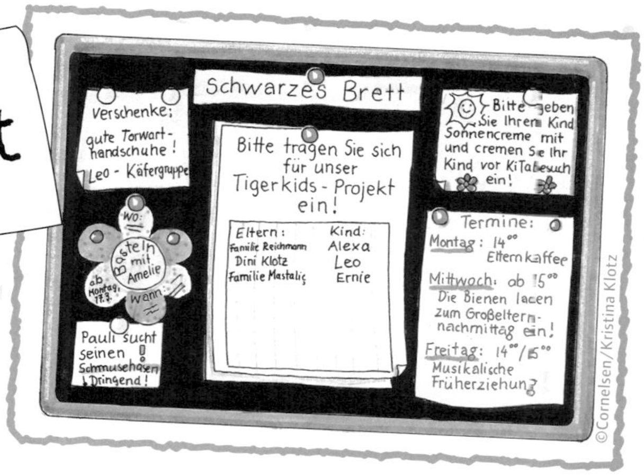

*Liebe*r Erzieher*in*

das Schwarze Brett oder die Pinnwand ist in Ihrer Einrichtung der **Ort der wichtigen Informationen** und dient Ihrer **Kommunikation mit den Eltern**. Hier können sich die Eltern über alle **aktuellen Situationen**, über **Neuerungen**, über **Veranstaltungen** und vieles mehr informieren – zumindest sollten sie das regelmäßig tun.
Übersichtlich und klar strukturierte Aushänge erleichtern den Eltern die **Orientierung**. **Vorbereitete Unterlagen** vereinfacht Ihre tägliche Arbeit, indem Sie sich auf das Wesentliche konzentrieren können und nicht auch noch als Grafiker tätig werden müssen.
In diesem Kapitel erwarten Sie deshalb übersichtlich und gut vorbereitete Aushänge für alle wichtigen Anlässe, die Sie nur noch kopieren und mit den wichtigen Infos ergänzen müssen, bevor Sie sie ans Schwarze Brett oder die Pinnwand hängen:

- Ein **Aushang „Wir haben ... in der Einrichtung"**, der die Eltern über ansteckende Krankheiten und Parasitenbefall informiert.
- Eine **Elterninfo über Kinderkrankheiten**, die die wichtigsten Symptome, die Inkubationszeit, die Dauer und die Ansteckungsgefahr zusammenfasst.
- Ein **Aushang „Unsere Schließtage im Kita-Jahr ______/______"**, der alle Schließtage der Kita übersichtlich präsentiert.
- Ein **Aushang „Das verändert sich bei unseren Mitarbeitern"**, der alle Interessierten über neue Mitarbeiter informiert, über die, die die Einrichtung verlassen, und alle anderen Personalveränderungen.
- Ein **Aushang „Wir haben Handwerker im Haus"**, der Art und Dauer von Reparaturen und Umbauten in der Einrichtung bekannt gibt.
- Ein **Merkblatt „Hausregeln"**, das alle wichtigen Vorschriften zu Verhalten, Hygiene, Kleidung und Sicherheit in Ihrer Einrichtung übersichtlich zusammenfasst.
- Eine **Praxisvorlage „Beschwerdezettel für den Kummerkasten"**, die die Eltern, die ein Anliegen haben, einfach ausfüllen und in den vorgesehenen Briefkasten werfen können.
- Ein **Einladungsanschreiben „Tag der offenen Tür"**, das einlädt, alle wichtigen Informationen liefert und auf die Veranstaltung aufmerksam macht.
- Eine **Briefvorlage „Hospitation in unserer Einrichtung"** zur Vorbereitung auf die Hospitation.
- Ein **Merkblatt „Unsere Hospitationsregeln"**, das alle Hospitanten kompakt und übersichtlich darüber informiert, wie sie sich verhalten sollten.
- Eine **Briefvorlage „Wir bitten um Ihre Unterstützung"**, die die Eltern dazu auffordert, sich aktiv und konkret einzubringen.

KRANKHEITEN AKTUELL IN DER KITA?

Datum: ______________

Liebe Eltern
wir haben

in der Kita

_______ Kinder sind bisher akut betroffen. Bitte beobachten Sie Ihr Kind und leiten Sie ggfs. entsprechende Maßnahmen ein.

Ansprechpartner für alle Fragen, Informationen und Mitteilungen ist

______________________________________.

Herzliche Grüße
Ihr Kita-Team

KINDERKRANKHEITEN AUF EINEN BLICK

Erkrankung	Beschwerden und Krankheitsbild	Inkubationszeit	Ansteckung	Meldepflicht	Impfung
Bindehaut-entzündung	– gerötete Bindehaut – Augenbrennen, Jucken, Kratzen – Fremdkörpergefühl im Auge – häufig verklebte Augenlieder (besonders morgens)	wenige Stunden bis Tage	– Bindehautentzündung ist hoch ansteckend! – Schmier- und Tröpfcheninfektion, also Übertragung beim Husten, Niesen oder Sprechen und von Hand zu Hand, sowie über verunreinigte Türklinken, Handtücher oder Spielzeug	Sagen Sie uns bitte Bescheid, wir informieren das Gesundheitsamt, wenn mehrere Fälle auftreten.	Es gibt keine Impfung gegen Bindehautentzündung.
Hand-Mund-Fuß-Krankheit	– Fieber – Hautausschlag an Mund, Händen und Füßen (evtl. auch im Windelbereich) für bis zu 3 Wochen – Schmerzen im Mund (Kind möchte nicht essen)	3 bis 10 Tage	– Schmier- und Tröpfcheninfektion, also Übertragung beim Husten, Niesen oder Sprechen und von Hand zu Hand, sowie über verunreinigte Türklinken, Handtücher oder Spielzeug	Sagen Sie uns bitte Bescheid, wir informieren das Gesundheitsamt, wenn mehrere Fälle auftreten.	Es gibt keine Impfung gegen Hand-Mund-Fuß-Krankheit.
Keuchhusten	– häufig entzündete Augen – zunächst Erkältungssymptome – immer stärker werdender Husten, mit Attacken bis hin zum Erbrechen – bei Säuglingen Atemnot und Sauerstoffunterversorgung	in der Regel 9 bis 10 Tage (6 bis 20 Tage möglich)	– ab Hustenbeginn 3 Wochen lang ansteckend, nach Antibiotikumgabe nur 5 Tage – Tröpfcheninfektion, also Übertragung beim Husten, Niesen oder Sprechen – wer einmal Keuchhusten hatte, ist für mehrere Jahre immun, der Schutz reicht aber nicht lebenslänglich	Bitte sagen Sie uns bei einer Keuchhustenerkrankung oder auch nur dem Verdacht sofort Bescheid, damit Eltern ihre Babys besonders schützen können. Wir müssen das Gesundheitsamt informieren.	Keuchhusten wird in der Regel gemeinsam mit Diphtherie und Tetanus geimpft, dieser Schutz hält ca. 5 Jahre. Sehen Sie im Impfpass unter „Pertussis“ nach.
Mumps	– anfangs Erkältungssymptome und Fieber – dann schmerzhafte Schwellung vor den Ohren (Ohrspeicheldrüse)	meist 16 bis 18 Tage (12 bis 25 Tage möglich) 3 bis 5 Tage vor der Schwellung und bis 9 Tage nach der Schwellung ansteckend	– Schmier- und Tröpfcheninfektion, also Übertragung beim Husten, Niesen oder Sprechen und von Hand zu Hand, sowie über verunreinigte Türklinken, Handtücher oder Spielzeug	Bitte sagen Sie uns sofort Bescheid, auch wenn nur der Verdacht einer Mumpserkrankung besteht oder eine Person in Ihrem Haushalt betroffen ist. Wir müssen sofort das Gesundheitsamt informieren.	In der Regel werden Kinder gemeinsam mit Masern und Röteln gegen Mumps geimpft. Sehen Sie im Impfpass nach oder fragen Sie Ihren Kinderarzt.
Magen-Darm-Infekt	– Erbrechen – Durchfall – Krankheitsgefühl – manchmal Fieber	je nach Erreger kann das unterschiedlich sein: – Norovirus: ½ bis 2 Tage – Rotavirus: 1 bis 3 Tage – Salmonellen: 6 bis 72 Stunden (meistens 12 bis 36 Stunden) – Campylobacter: 1 bis 11 Tage	Schmier- und Tröpfcheninfektion, also Übertragung beim Husten, Niesen oder Sprechen und von Hand zu Hand, sowie über verunreinigte Türklinken, Handtücher oder Spielzeug	Wenn ein Erreger ausgemacht werden konnte (Noroviren o. Ä.), sagen Sie uns bitte Bescheid. Bei mehreren Fällen informieren wir dann das Gesundheitsamt.	Es gibt eine Impfung im Säuglingsalter gegen Rotaviren. Gegen die anderen Magen-Darm-Infekte kann man nicht impfen.
Röteln	– zunächst typische Erkältungssymptome (bei vielen Kindern gar keine Symptome) – danach roter Hautausschlag, der sich vom Gesicht auf den ganzen Körper ausbreitet; nach 1 bis 3 Tagen verschwindet er wieder – geschwollene Lymphknoten hinter den Ohren	2 bis 3 Wochen	– Tröpfcheninfektion, also Übertragung beim Husten, Niesen oder Sprechen – 7 Tage vor bis 7 Tage nach dem Auftreten der Flecken ansteckend	Bitte geben Sie uns sofort Bescheid, auch wenn nur der Verdacht einer Rötelnerkrankung besteht oder jemand in Ihrem Haushalt betroffen ist. Wir informieren dann das Gesundheitsamt und insbesondere Schwangere, damit diese sich schützen können.	In der Regel werden Kinder gemeinsam mit Masern und Mumps gegen Röteln geimpft. Sehen Sie im Impfpass nach oder wenden Sie sich an Ihren Kinderarzt.
Scharlach	– starke Halsschmerzen – häufig gerötete „Himbeerzunge“, die vorne weiß belegt ist – hohes Fieber – geschwollene Halslymphknoten – feinfleckige Rötung in der Leiste beginnend, dann am Oberkörper	1 bis 3 Tage, in seltenen Fällen auch länger	– Schmier- und Tröpfcheninfektion, also Übertragung beim Husten, Niesen oder Sprechen und von Hand zu Hand, sowie über verunreinigte Türklinken, Handtücher oder Spielzeug. – ansteckend bis zu 24h nach Beginn einer wirksamen Antibiotikatherapie, sonst 3 Wochen oder länger	Bitte sagen Sie uns bei einer Scharlacherkrankung oder dem Verdacht Bescheid, wir informieren das Gesundheitsamt.	Es gibt keine Impfung gegen Scharlach.
Windpocken	– juckender Hautausschlag mit wasserklarem Bläscheninhalt, vor allem auf Bauch und Rücken – eventuell Fieber – Müdigkeit	2 Wochen (8 bis 28 Tage möglich)	– Ansteckung erfolgt über den Bläscheninhalt (Schmierinfektion) und beim Niesen, Husten, Sprechen über die Luft (Tröpfcheninfektion). Spielsachen, Türklinken etc. sind in der Regel kein Problem, da die Viren an der Luft nur 10 Minuten ansteckend bleiben. – ansteckend von 1 bis 2 Tagen vor Auftreten der Bläschen bis alles vollständig verkrustet ist	Bitte sagen Sie uns sofort Bescheid, auch wenn nur der Verdacht einer Windpockenerkrankung besteht oder eine Person aus Ihrem Haushalt betroffen ist, wir informieren das Gesundheitsamt.	Seit 2006 ist eine Impfung gegen Windpocken in Kombination mit Masern, Mumps, Röteln verfügbar. Sehen Sie im Impfpass nach, ob Ihr Kind geimpft ist.
Masern	– zunächst Fieber und Erkältungssymptome – nach 3 bis 4 Tagen hohes Fieber mit sehr schlechtem Allgemeinzustand – geröteter Rachen und Ausschlag, der häufig hinter den Ohren beginnt und sich über den ganzen Körper ausbreitet	In der Regel dauert es 10 bis 14 Tage bis zu den ersten Symptomen und 14 bis 17 Tage bis zum Ausschlag. Besonders ansteckend 3 bis 4 Tage vor Beginn und bis zu 4 Tage nach Beginn des Ausschlags.	– sehr hohe Ansteckungsgefahr! – Schmier- und Tröpfcheninfektion, also Übertragung beim Husten, Niesen oder Sprechen und von Hand zu Hand, sowie über verunreinigte Türklinken, Handtücher oder Spielzeug	Bitte sagen Sie uns sofort Bescheid, auch wenn nur der Verdacht einer Masernerkrankung besteht oder eine Person in Ihrem Haushalt betroffen ist. Wir müssen das Gesundheitsamt innerhalb von 1 Tag informieren.	– Eine Impfung gegen Masern ist für Kinder, die eine Gemeinschaftseinrichtung besuchen, inzwischen gesetzlich vorgeschrieben. – Regelungsimpfung (alle Ungeimpften, die Kontakt zu Masern hatten, müssen sofort geimpft werden)

Quelle: „Achtung Ansteckungsgefahr! – Verständliche Aushänge und Merkblätter zu übertragbaren Krankheiten. Für Kitas, Schulen und andere Gemeinschaftseinrichtungen. Verlag an der Ruhr, 2019

UNSERE FERIEN- UND SCHLIESSTAGE IM KITA-JAHR ______/______

Datum: ______________

Liebe Eltern,

die **Ferien- und Schließtage**

für das Kita-Jahr ______/______

stehen **verbindlich** fest.

Bitte **notieren Sie** sich die folgenden Daten und Zeiträume, in denen Ihr Kind nicht von uns betreut werden kann:

Weihnachten/Silvester: ______________________________

Ostern: ______________________________

Pfingsten: ______________________________

Sommer: ______________________________

Brückentage: ______________________________

Weiterbildung- und Fortbildungstage: ______________________________

Teamausflug: ______________________________

Sonstige Schließtage: ______________________________

Herzliche Grüße

Ihr Kita-Team

DAS VERÄNDERT SICH BEI UNSEREN MITARBEITERN

Datum: ____________________

Liebe Eltern,

es gibt **Neuigkeiten und Veränderungen** im Kita-Team. Das interessiert Sie sicher und wir möchten Sie daran teilhaben lassen:

Wir verabschieden:

Name: ____________________

Funktion: ____________________

ab/von – bis: ____________________

Wir begrüßen:

Name: ____________________

Funktion: ____________________

ab/von – bis: ____________________

Das hat sich verändert:

____

____

____

____

____

Herzliche Grüße

Ihr Kita-Team

WIR HABEN HANDWERKER*INNEN IM HAUS

Datum: ______________________

Liebe Eltern,

voraussichtlich vom ______________ bis zum ______________ haben wir Handwerker*innen in der Kita.

Folgende Arbeiten werden ausgeführt: ____

____

____

Zu beachten: ____

____

____

Unter Umständen können gewohnte Abläufe dadurch beeinträchtigt werden.
Wir bitten Sie um Verständnis und bemühen uns darum, dass der Kita-Alltag möglichst reibungslos und wie gewohnt verlaufen kann.

Herzliche Grüße

Ihr Kita-Team

REGELN IN UNSERER EINRICHTUNG

Liebe Eltern,

bitte beachten Sie die folgenden Hausregeln für ein angenehmes Miteinander:

1. Im Interesse der Sicherheit der Kinder sind alle **Ein- und Ausgangstüren und -tore** zu **schließen** und vorhandene **Riegel** vorzulegen. Achten Sie darauf, dass keine Kinder ohne Begleitung Erwachsener das Kitagelände verlassen
2. Unsere **Aufsichtspflicht** beginnt, wenn Sie uns persönlich Ihr Kind übergeben und wir es mit Namen und Augenkontakt begrüßen. Wenn Sie in der Kita sind, obliegt Ihnen die Aufsichtspflicht, z. B. in der Bring- und Abholzeit, bei Festen usw.
3. Bitte **bringen** Sie Ihr Kind **zwischen** ______ **Uhr und** ______ **Uhr**. Achten Sie darauf, dass Ihr Kind bis ______ Uhr in der Gruppe ist und Sie den Kindergarten verlassen.
4. Zwischen ______ **Uhr** und ______ **Uhr** bzw. ______ **Uhr** und ______ **Uhr** ist **Abholzeit**. Die Kita schließt um ______ Uhr. Bitte kommen Sie **rechtzeitig**!
5. Es ist uns wichtig, dass sich Ihr Kind **persönlich** von uns **verabschiedet**, auch im Garten (von der Aufsichtsperson vor Ort).
6. Aus **hygienischen Gründen** sind beim Betreten aller Gruppenräume und Treppen die **Schuhe auszuziehen** oder Schuhüberzieher anzulegen.
7. Für mitgebrachte Gegenstände (Spielsachen, Schmuck usw.) übernimmt die Kita **keine Haftung**.
8. Achten Sie bitte darauf, die **Garderobe ordentlich** zu hinterlassen, d. h. die Hausschuhe gehören z. B. in das Hausschuhregal.
9. Bei den Garderoben der Kinder befindet sich unsere **Elternpost**. Dort finden Sie Elternbriefe oder kurze Mitteilungen. Bitte sehen Sie regelmäßig dort nach.
10. Ziehen Sie Ihrem Kind **jahreszeitenorientierte und praktische Kleidung** an **ohne Kordeln oder Bänder**. Es sollte darin in den Garten gehen, im Turnraum toben, einen Spaziergang machen oder mit Wasserfarben malen können. Im Sommer ist ein **Sonnenhut** Pflicht!
11. Das Tragen von Schmuck erhöht die **Verletzungsgefahr** bei Unfällen. Sie tragen die **Verantwortung** für Verletzungen Ihres Kindes, die aufgrund des Tragens von Schmuck verursacht werden.
12. **Beschriften** Sie alle Kleidungsstücke Ihres Kindes mit Namen.
13. Ihr Kind braucht **Wechselwäsche** in angemessener Menge. Das heißt: Kinder, die sich gerade mit dem Thema „Sauberkeitserziehung" beschäftigen, brauchen mehr. Alle anderen Kinder brauchen eine Garnitur. Überprüfen Sie regelmäßig Vollständigkeit und Größen!
14. Bitte unterstützen Sie uns bei der **Ordnung im Garderobenbereich**. Räumen Sie in unregelmäßigen Abständen (z. B. nach dem Winter) die Garderobenplätze über das Wochenende komplett. Und bringen Sie am Montag nur das, was aktuell gebraucht wird, wieder mit in die Kita.
15. Alle wichtigen aktuellen **Informationen** finden Sie am **Schwarzen Brett**. Informieren Sie sich dort regelmäßig über **Personalia, Schließtage** und **Krankheiten**!

NACHRICHT FÜR DEN WUNSCH- UND KUMMERKASTEN

Datum: ____________________

Liebe Eltern,

haben Sie **Kritik**, eine **Beschwerde** oder einen **Wunsch**, die/den Sie nicht persönlich äußern möchten?

Notieren Sie Ihr **Anliegen**, Ihren **Verbesserungsvorschlag** oder Ihre **Anregungen**, Ihre **Wünsche** oder vielleicht auch ein **Lob** unten auf diesem Zettel und werfen Sie ihn in den Kummerkasten.

Wenn Sie möchten, geben Sie Ihren Namen an und Ihre Kontaktdaten. Dann kontaktieren wir Sie **auf Wunsch**.

Herzliche Grüße

Ihr Kita-Team

Das ist mein Anliegen:

____

____

____

____

____

____

____

____

____

____

____

Ich möchte kontaktiert werden und Informationen bekommen ☐

Name, Vorname: ____________________

E-Mail-Adresse: ____________________

Telefonnummer: ____________________

WIR LADEN ZUM TAG DER OFFENEN TÜR EIN

Einladung

Liebe Eltern,
liebe Kita-Interessierte,

am ______________ findet

von ________ Uhr bis ________ Uhr

unser **Tag der offenen Tür** statt.

Wir laden Sie herzlich ein, unsere Einrichtung anzuschauen und kennenzulernen und mit den Erzieher*innen ins Gespräch zu kommen.

Wir freuen uns auf Sie!

Herzliche Grüße
Ihr Kita-Team

IN UNSERER KITA KÖNNEN SIE HOSPITIEREN

Datum: ____________________

Liebe Eltern,

wir freuen uns über Ihr **Interesse an unserer Einrichtung** und darüber, dass Sie bei uns hospitieren möchten, um **unsere Kita** und die **täglichen Abläufe** besser kennenzulernen. Sie sind uns herzlich willkommen!

Diesem Schreiben legen wir eine kurze **Checkliste** mit Regeln zur Hospitation bei. Bitte lesen Sie diese vorab.

Am Hospitationstag unterhalten Sie sich zu Beginn kurz mit dem*der Erzieher*in, bevor Sie in die **Beobachterposition** wechseln. Im Anschluss an die Hospitation können Sie ein weiteres Gespräch mit dem*der Erzieher*in über Ihre **Fragen und Beobachtungen** führen.

Wir freuen uns auf Sie!

Herzliche Grüße

Ihr Kita-Team

HINWEISE ZUR KITA-HOSPITATION

Datum: ____________________

Liebe Eltern,

wir freuen uns über Ihr Interesse an unserer Einrichtung und darüber, dass Sie bei uns hospitieren möchten. Für einen reibungslosen Ablauf und ein gutes Miteinander bitten wir Sie ein paar Regeln zu beachten:

- ☐ Seien Sie pünktlich am ____________________ um ____________ Uhr in der Kita.
- ☐ Bringen Sie sich Hausschuhe oder ABS-Socken mit.
- ☐ Denken Sie an Stift und Papier für Notizen sowie Verpflegung.
- ☐ Halten Sie sich im Hintergrund.
- ☐ Bleiben Sie in Beobachterposition.
- ☐ Sie können sich im Gruppenraum und dem Außengelände frei bewegen.
- ☐ Notieren Sie sich alle Fragen oder merken Sie sie sich für die Nachbesprechung, die mit dem*r Erzieher*in erfolgt, bei dem*r Sie hospitiert haben.
- ☐ Wenn Sie eine Pause brauchen, können Sie sich bei einem kurzen Spaziergang erholen.
- ☐ Wenn Sie Hunger oder Durst bekommen, können Sie gerne im ____________________-Raum essen und trinken.
- ☐ ____

Vielen Dank für Ihre Unterstützung!

Herzliche Grüße

Ihr Kita-Team

WIR BITTEN UM IHRE UNTERSTÜTZUNG

Datum: ____________________

Liebe Eltern,

wir benötigen Ihre Unterstützung und bitten Sie um Hilfe für

____.

Jeder kleine Beitrag unterstützt uns und Ihre Kinder.

Das können Sie tun:

____

____

____

____

____

____

____

____

____

____

____

____

Wenn Sie uns helfen können, melden Sie sich bis zum ____________________

bei ______________________________.

Wir freuen uns über Ihr Engagement!

Herzliche Grüße

Ihr Kita-Team